AF260646